Impressum
Verlag: BABADADA GmbH, Nedderfeld 112 , 22529 Hamburg
Geschäftsführer / Verlagsleitung: Harald Hof
Druck: Books on Demand GmbH, In de Tarpen 42, 22848 Norderstedt

Imprint
Publisher: BABADADA GmbH, Nedderfeld 112 , 22529 Hamburg, Germany
Managing Director / Publishing direction: Harald Hof
Print: Books on Demand GmbH, In de Tarpen 42, 22848 Norderstedt

școală
l'école

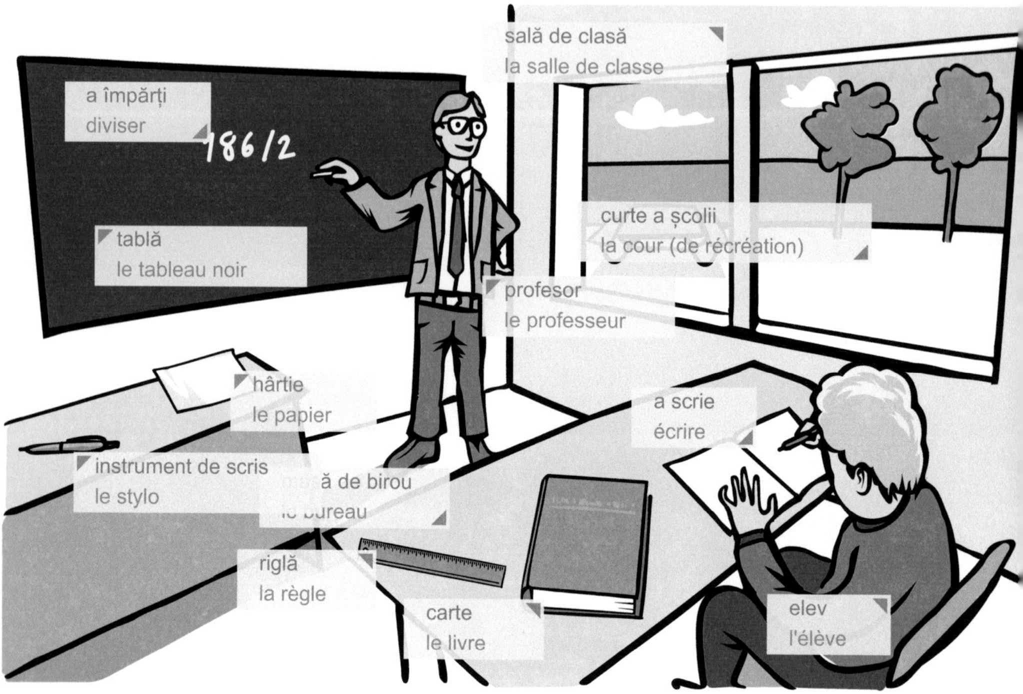
sală de clasă
la salle de classe
a împărți
diviser
186/2
tablă
le tableau noir
curte a școlii
la cour (de récréation)
profesor
le professeur
hârtie
le papier
a scrie
écrire
instrument de scris
le stylo
ă de birou
ureau
riglă
la règle
carte
le livre
elev
l'élève

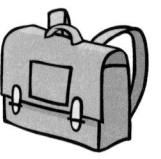

ghiozdan

le cartable

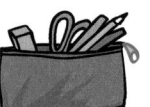

penar

la trousse

creion

le crayon

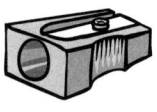

ascuțitoare

le taille-crayon

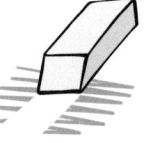

radieră

la gomme

bloc de desen

le carnet à dessin

desen

le dessin

pensulă

le pinceau

cutie de acuarele

la boîte de peinture

foarfece

les ciseaux

lipici

la colle

caiet de exerciţii

le cahier d'exercices

temă

les devoirs

număr

le chiffre

a aduna

additionner

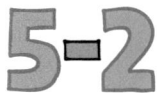

a scădea

soustraire

a multiplica

multiplier

a calcula

calculer

literă

la lettre

alfabet

l'alphabet

cuvânt

le mot

text

le texte

a citi

lire

cretă

la craie

oră

la leçon

catalog

le livre de classe

examen

l'examen

certificat

le certificat

uniformă școlară

l'uniforme scolaire

educație

la formation

enciclopedie

le lexique

universitate

l'université

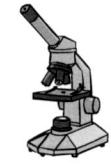

microscop

le microscope

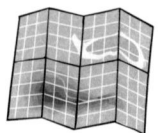

hartă

la carte

coș de gunoi

la corbeille à papier

călătorie
le voyage

hotel
l'hôtel
Grand
hostel
l'auberge
ROOMS
EXCHANGE
casă de schimb valutar
le bureau de change
valiză
la valise
autovehicul
la voiture

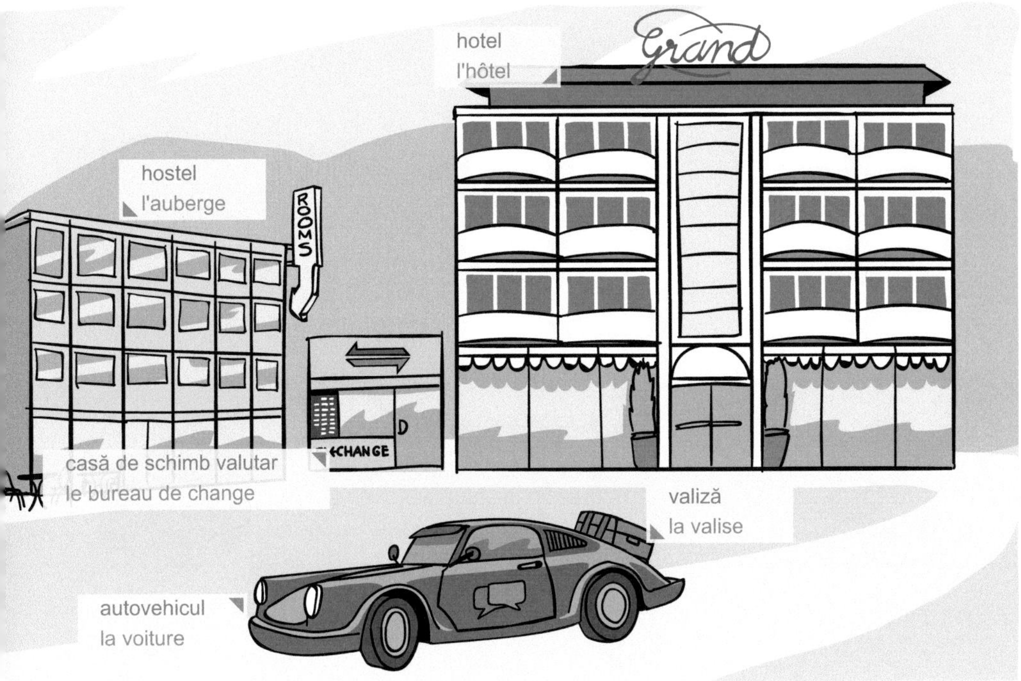

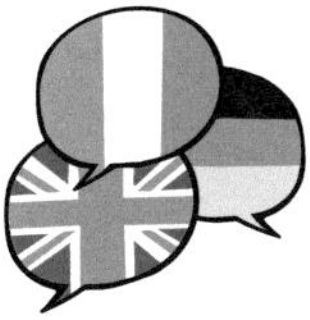

limbă

la langue

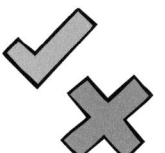

da/nu

oui / non

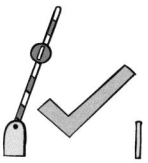

okay

d'accord

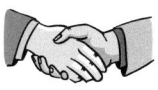

Bună!

Salut

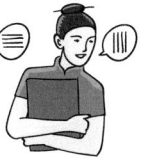

interpret

l'interprète

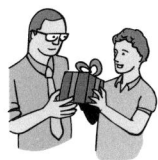

mulțumesc

merci

Cât costă...?

Combien coûte...?

Nu înțeleg

Je ne comprends pas

problemă

le problème

Bună seara!

Bonsoir !

Bună dimineața!

Bonjour !

Noapte bună!

Bonne nuit !

la revedere

Au revoir

direcție

la direction

bagaj

les bagages

geantă

le sac

rucsac

le sac-à-dos

oaspete

l'hôte

cameră

la pièce

sac de dormit

le sac de couchage

cort

la tente

unct de informare turistică

l'office de tourisme

plajă

la plage

carte de credit

la carte de crédit

mic dejun

le petit-déjeuner

masa de prânz

le déjeuner

cină

le dîner

bilet de călătorie

le billet

lift

l'ascenseur

timbru poştal

le timbre

graniţă

la frontière

vamă

la douane

ambasadă

l'ambassade

viză

le visa

paşaport

le passeport

transport
le transport

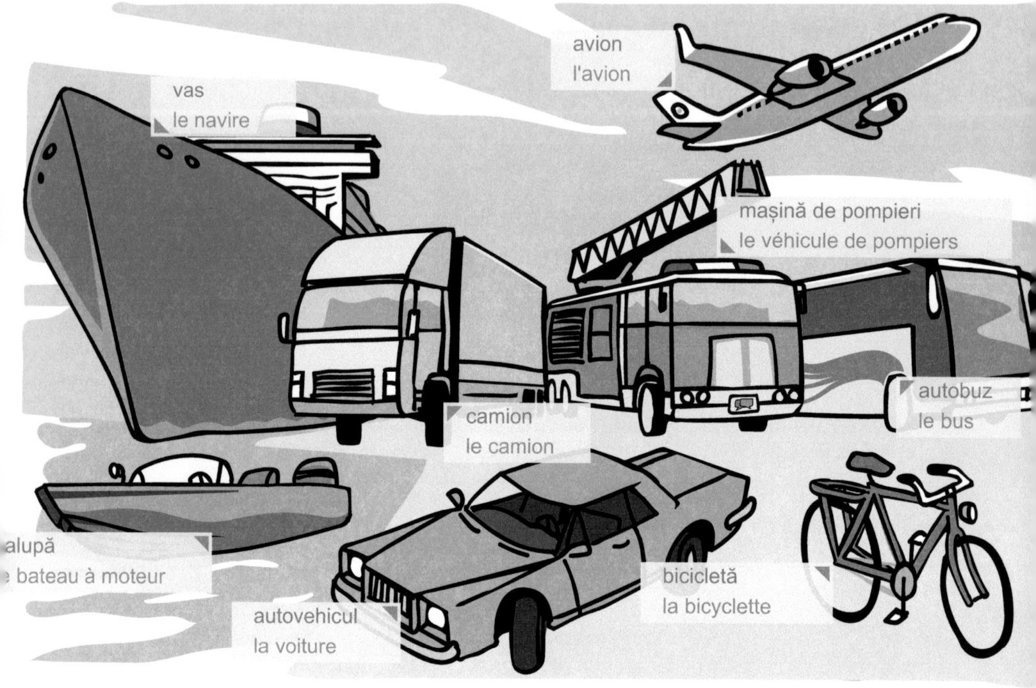

avion
l'avion

vas
le navire

mașină de pompieri
le véhicule de pompiers

autobuz
le bus

camion
le camion

alupă
le bateau à moteur

bicicletă
la bicyclette

autovehicul
la voiture

feribot
le ferry

barcă
la barque

motocicletă
la moto

mașină de poliție
la voiture de police

mașină de curse
la voiture de course

mașină închiriată
la voiture de location

car sharing

l'auto-partage

mașină de tractat

la voiture de remorquage

mașină de gunoi

la benne à ordures

motor

le moteur

combustibil

l'essence

benzinărie

la station d'essence

semn de circulație

le panneau indicateur

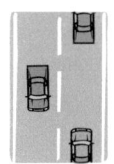

trafic

le trafic

ambuteiaj

l'embouteillage

parcare

le parking

gară

la gare

șine

les rails

tren

le train

tramvai

le tramway

vagon

le wagon

elicopter

l'hélicoptère

aeroport

l'aéroport

turn

la tour

pasager

le passager

container

le conteneur

carton

le carton

căruță

le chariot

coș

la corbeille

a decola/a ateriza

décoller / atterrir

oraș
la ville

sat

le village

centru

le centre-ville

casă

la maison

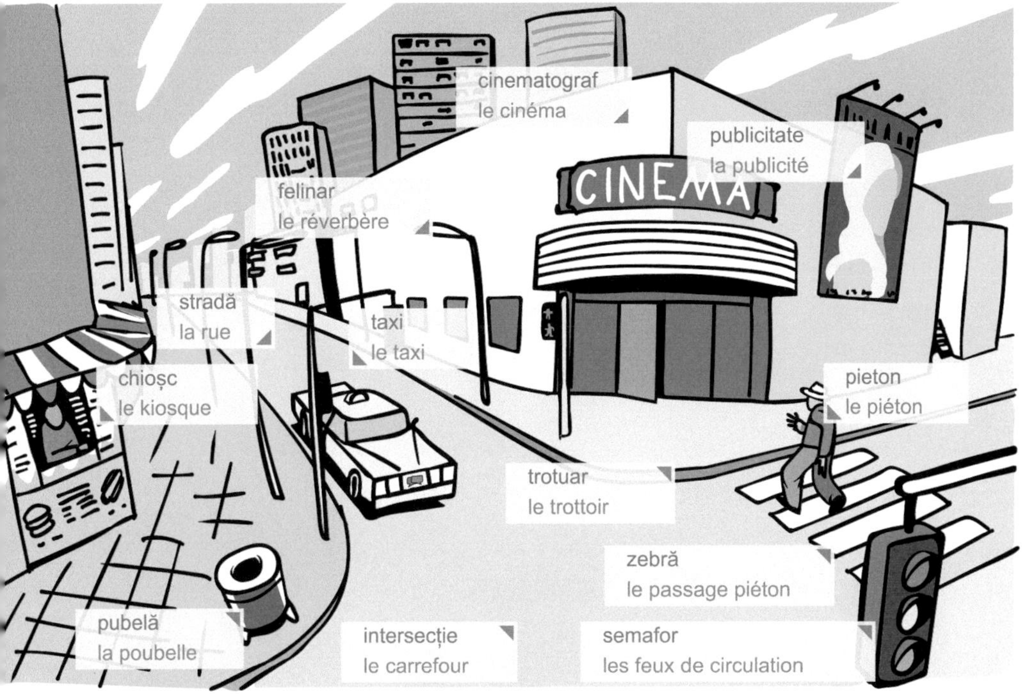

cinematograf
le cinéma
CINEMA
publicitate
la publicité
felinar
le réverbère
stradă
la rue
taxi
le taxi
chioșc
le kiosque
pieton
le piéton
trotuar
le trottoir
zebră
le passage piéton
pubelă
la poubelle
intersecție
le carrefour
semafor
les feux de circulation

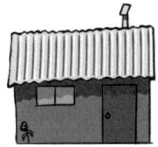

cabană
la cabane

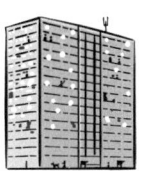

apartament
l'appartement

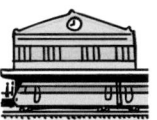

gară
la gare

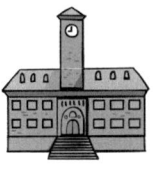

primărie
la mairie

MUSEUM
muzeu
le musée

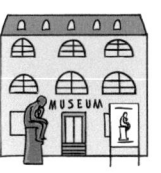

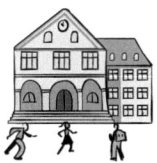

școală
l'école

universitate

l'université

bancă

la banque

spital

l'hôpital

hotel

l'hôtel

farmacie

la pharmacie

birou

le bureau

librărie

la librairie

magazin

le magasin

florărie

le fleuriste

supermarket

le supermarché

piață

le marché

magazin universal

le grand magasin

comerciant de pește

la poissonnerie

centru comercial

le centre commercial

port

le port

parc

le parc

bancă

la banque

pod

le pont

trepte

les escaliers

metrou

le métro

tunel

le tunnel

stație de autobuz

l'arrêt de bus

bar

le bar

restaurant

le restaurant

cutie poștală

la boîte à lettres

tăbliță indicatoare cu numele străzii

le panneau indicateur

parcometru

le parcmètre

grădină zoologică

le zoo

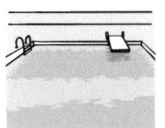

piscină

le réverbère

moschee

la mosquée

gospodărie ţărănească

la ferme

poluare

la pollution

cimitir

la cimetière

biserică

l'église

loc de joacă

l'aire de jeux

templu

le temple

peisaj
le paysage

frunză
la feuille

indicator
le panneau indicateur

drum
le chemin

pajişte
le pré

piatră
la pierre

drumeţ
le randonneur

copac
l'arbre

râu
la rivière

iarbă
l'herbe

floare
la fleur

vale

la vallée

deal

la montagne

lac

le lac

pădure

la forêt

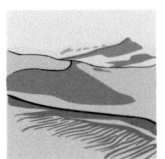

deșert

le désert

vulcan

le volcan

castel

le château

curcubeu

l'arc-en-ciel

ciupercă

le champignon

palmier

le palmier

țânțar

le moustique

muscă

la mouche

furnică

les fourmis

albină

l'abeille

păianjen

l'araignée

gândac

le coléoptère

broască

la grenouille

veveriță

l'écureuil

arici

le hérisson

iepure

le lièvre

bufniță

la chouette

pasăre

l'oiseau

lebădă

le cygne

porc mistreț

le sanglier

cerb

le cerf

elan

l'élan

dig

le barrage

turbină eoliană

l'éolienne

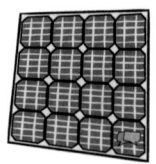

panou solar

le panneau solaire

climă

le climat

restaurant

le restaurant

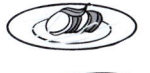

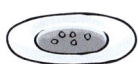

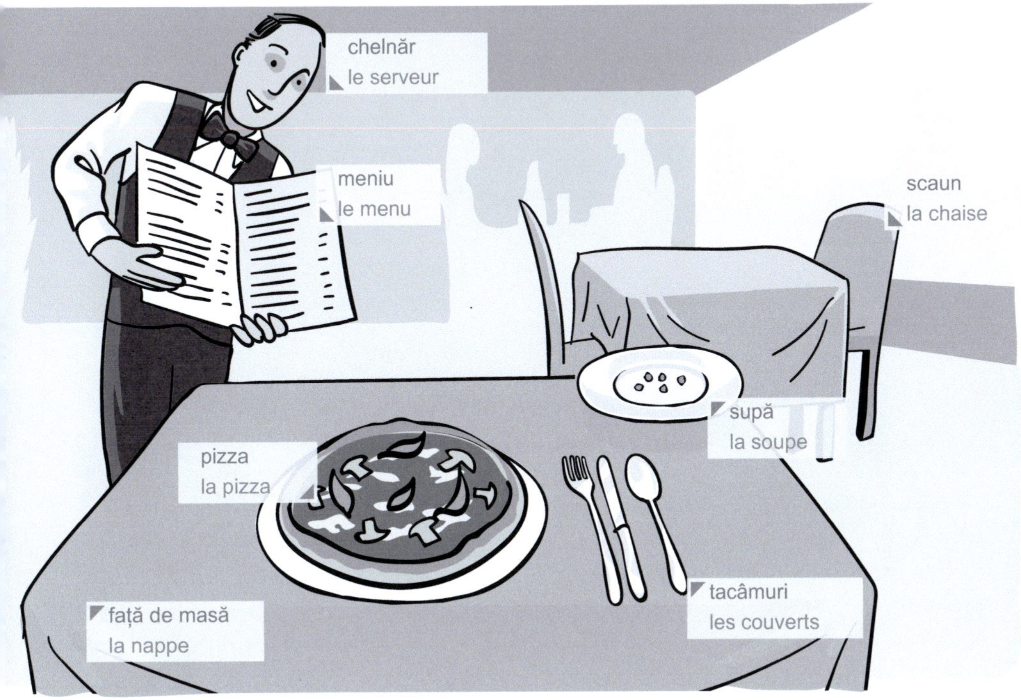
chelnăr
le serveur
meniu
le menu
scaun
la chaise
supă
la soupe
pizza
la pizza
tacâmuri
les couverts
față de masă
la nappe

antreu

les hors d'œuvre

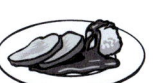

fel principal

le plat principal

desert

le dessert

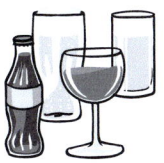

băuturi

les boissons

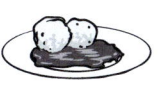

mâncare

l'alimentation

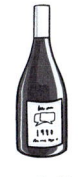

sticlă

la bouteille

fastfood

le fast-food

streetfood

les plats à emporter

ceainic

la théière

zaharniță

le sucrier

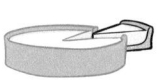

porție

la portion

espressor

la machine à expresso

scaun înalt (pentru copii)

la chaise haute

factură

la facture

tavă

le plateau

cuțit

le couteau

furculiță

la fourchette

lingură

la cuillère

linguriță

la cuillère à thé

șervețel

la serviette

pahar

le verre

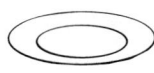

farfurie

l'assiette

farfurie de supă

l'assiette à soupe

farfurie

la soucoupe

sos

la sauce

solniță

la salière

râșniță de piper

le moulin à poivre

oțet

le vinaigre

ulei

l'huile

condimente

les épices

ketchup

le ketchup

muștar

la moutarde

maioneză

la mayonnaise

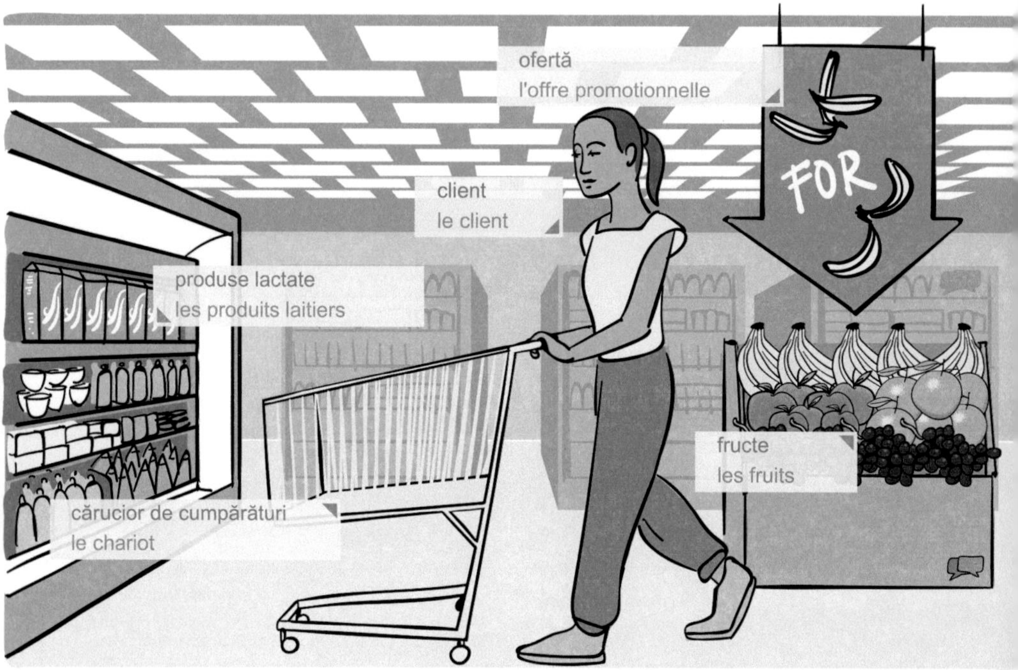

ofertă
l'offre promotionnelle

client
le client

produse lactate
les produits laitiers

fructe
les fruits

cărucior de cumpărături
le chariot

măcelărie	brutărie	a cântări
la boucherie	la boulangerie	peser
	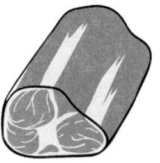	
legume	carne	alimente refrigerate
les légumes	la viande	les aliments surgelés

ezeluri și brânzeturi feliate

la charcuterie

conserve

les conserves

detergent

la poudre à lessive

dulciuri

les bonbons

articole de menaj

les articles ménagers

produse de curățenie

les détergents

vânzătoare

la vendeuse

casă

la caisse

casier

le caissier

listă de cumpărături

la liste d'achats

orar

les heures d'ouverture

portmoneu

le portefeuille

carte de credit

la carte de crédit

geantă

le sac

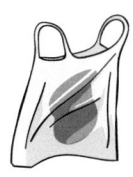

pungă de plastic

le sac en plastique

apă

l'eau

suc

le jus de fruit

lapte

le lait

cola

le coca

vin

le vin

bere

la bière

alcool

l'alcool

cacao

le chocolat chaud

ceai

le thé

cafea

le café

espresso

l'expresso

cappucino

le cappuccino

banane

la banane

măr

la pomme

portocală

l'orange

pepene

le melon

lămâie

le citron.

morcov

la carotte

usturoi

l'ail

bambus

le bambou

ceapă

l'oignon

ciupercă

le champignon

nuci

les noisettes

paste făinoase

les pâtes

spagheti

les spaghetti

orez

le riz

salată

la salade

cartofi prăjiți

les pommes frites

cartofi țărănești

les pommes de terre rôties

pizza

la pizza

hamburger

le hamburger

sandwich

le sandwich

șnițel

l'escalope

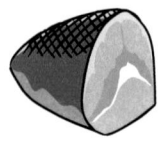

șuncă

le jambon

salam

le salami

cârnați

la saucisse

pui

le poulet

friptură

le rôti

pește

le poisson

fulgi de ovăz

les flocons d'avoine

musli

le muesli

cereale

les cornflakes

făină

la farine

corn

le croissant

chifle

les petits-pains

pâine

le pain

pâine prăjită

le pain grillé

biscuiți

les biscuits

unt

le beurre

brânză de vaci

le fromage blanc

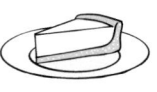

prăjitură

le gâteau

ou

l'œuf

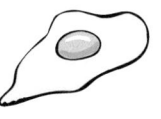

ouă ochiuri

l'œuf au plat

brânză

le fromage

îngheţată

la glace

zahăr

le sucre

miere

le miel

marmeladă

la confiture

cremă nuga

la crème nougat

curry

le curry

gospodărie țărănească
la ferme

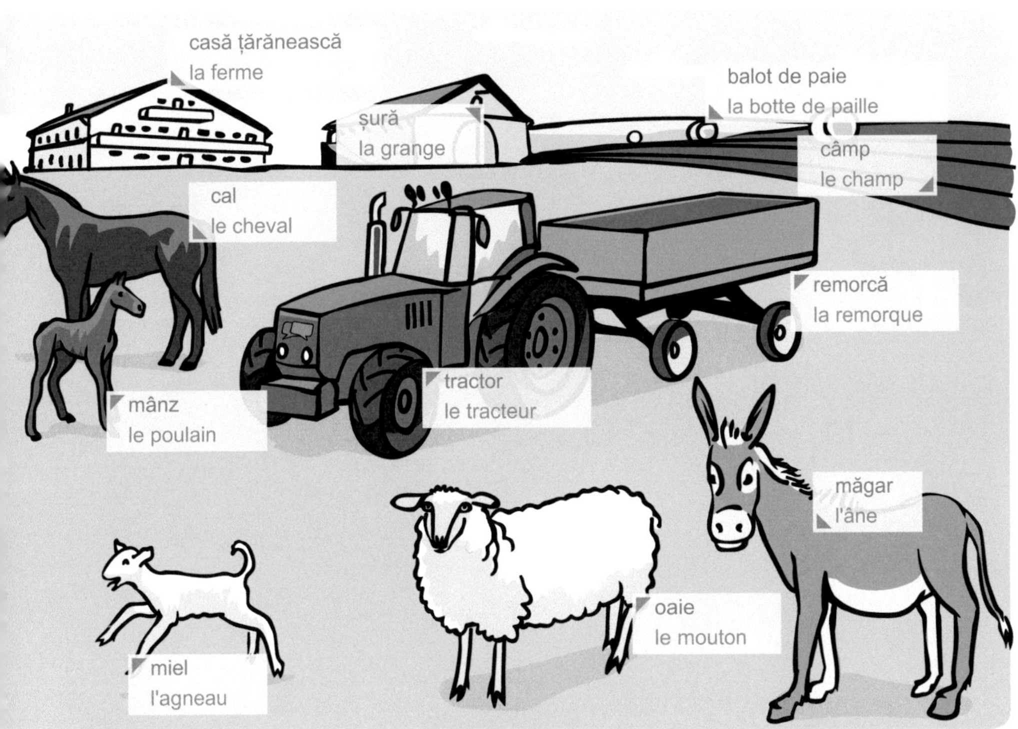
casă țărănească
la ferme
șură
la grange
balot de paie
la botte de paille
câmp
le champ
cal
le cheval
remorcă
la remorque
mânz
le poulain
tractor
le tracteur
măgar
l'âne
oaie
le mouton
miel
l'agneau

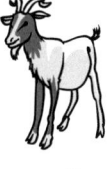

capră

la chèvre

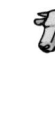

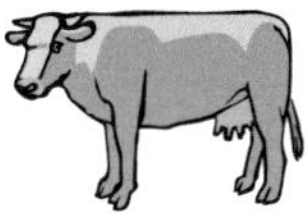

vacă

la vache

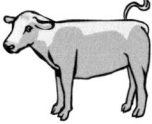

vițel

le veau

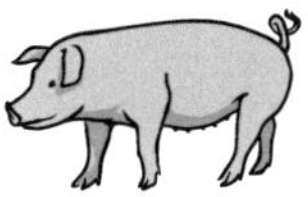

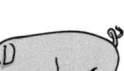

porc

le porc

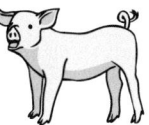

purcel

le porcelet

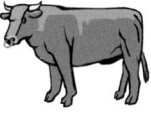

taur

le taureau

găină

l'oie

rață

le canard

pui

le poussin

găină

la poule

cocoș

le coq

șobolan

le rat

pisică

le chat

șoarece

la souris

bou

le bœuf

câine

le chien

cușcă

le chenil

furtun de grădină

le tuyau de jardin

stropitoare

l'arrosoir

coasă

la faucheuse

plug

la charrue

seceră

la faucille

sapă

la pioche

furcă

la fourche

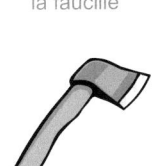

secure

la hache

roabă

la brouette

troacă

la cuve

cană pentru lapte

le pot à lait

sac

le sac

gard

la clôture

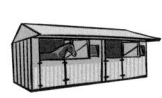

grajd

l'étable

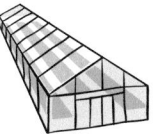

seră

le serre

sol

le sol

sămânță

les semences

fertilizator

l'engrais

combină de treierat

la moissonneuse-batteuse

a culege
récolter

recoltă
la récolte

cartof yam
l'igname

grâu
le blé

soia
le soja

cartof
la pomme de terre

porumb
le maïs

rapiță
le colza

pom fructifer
l'arbre fruitier

manioc
le manioc

cereale
les céréales

casă
la maison

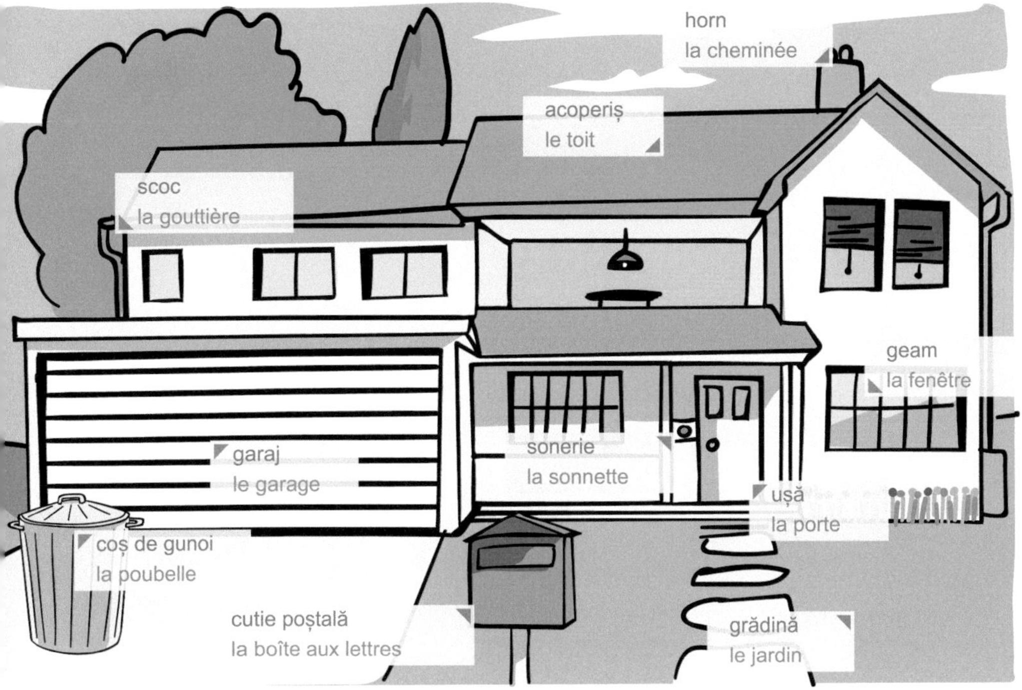

horn
la cheminée
acoperiș
le toit
scoc
la gouttière
geam
la fenêtre
garaj
le garage
sonerie
la sonnette
ușă
la porte
coș de gunoi
la poubelle
cutie poștală
la boîte aux lettres
grădină
le jardin

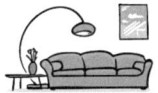

cameră de zi

le salon

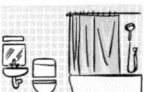

baie

la salle de bain

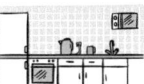

bucătărie

la cuisine

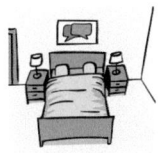

dormitor

la chambre à coucher

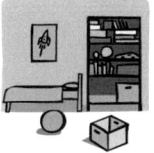

camera copiilor

la chambre d'enfant

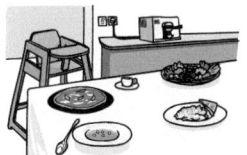

sufragerie

la salle à manger

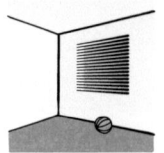

podea

le sol

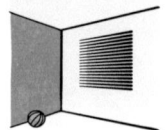

perete

le mur

tavan

le plafond

pivniță

la cave

saună

le sauna

balcon

le balcon

terasă

la terrasse

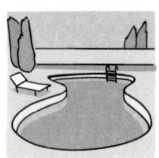

piscină

la piscine

mașină de tuns iarba

la tondeuse à gazon

cearșaf

la housse

cuvertură

la couette

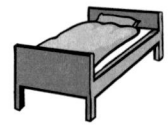

pat

le lit

mătură

le balai

găleată

le sceau

întrerupător

l'interrupteur

casă - la maison

camerǎ de zi
le salon

tapet
le papier peint
picturǎ
l'image
lampǎ
la lampe
raft
l'étagère
dulap
l'armoire
televizor
la télé
șemineu
la cheminée
floare
la fleur
pernǎ
le coussin
sofa
le sofa
vazǎ
le vase
telecomandǎ
la télécommande

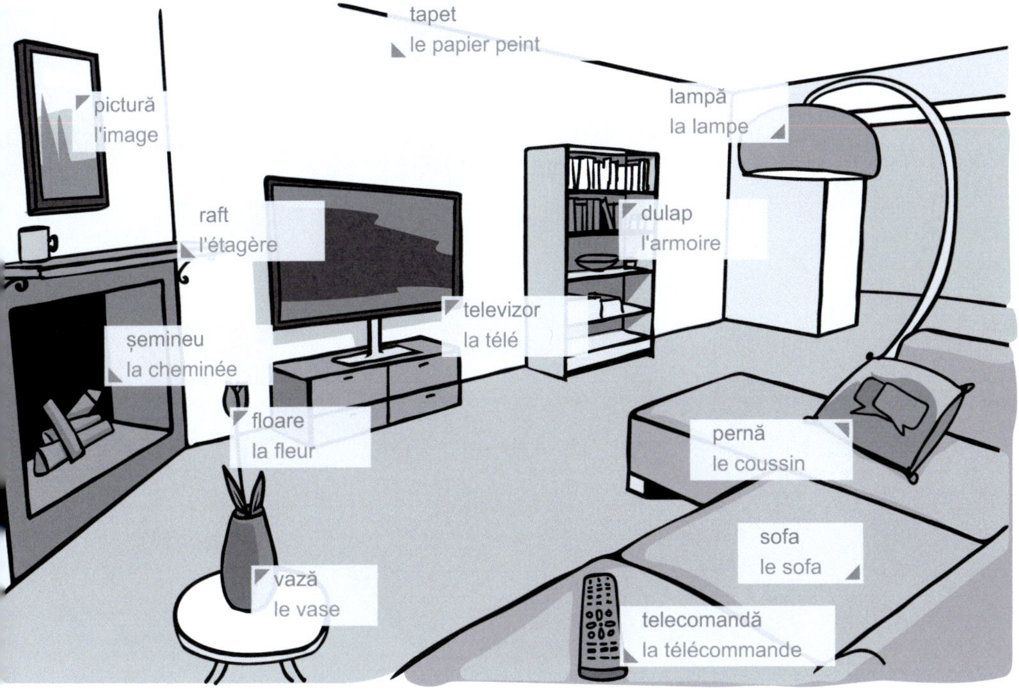

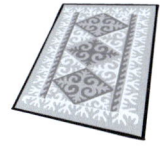

covor

le tapis

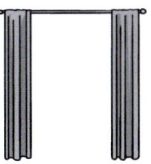

perdea

le rideau

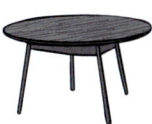

masǎ

la table

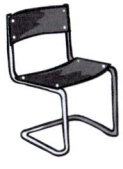

scaun

la chaise

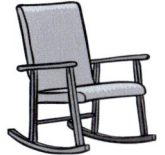

balansoar

la chaise à bascule

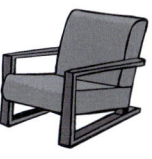

fotoliu

le fauteuil

carte

le livre

pătură

la couverture

decoraţiune

la décoration

lemn de foc

le bois de chauffage

film

le film

instalaţie stereo

la chaîne hi-fi

cheie

la clé

ziar

le journal

desen

la peinture

poster

le poster

radio

la radio

caiet de notiţe

le bloc-notes

aspirator

l'aspirateur

cactus

le cactus

lumânare

la bougie

bucătărie
la cuisine

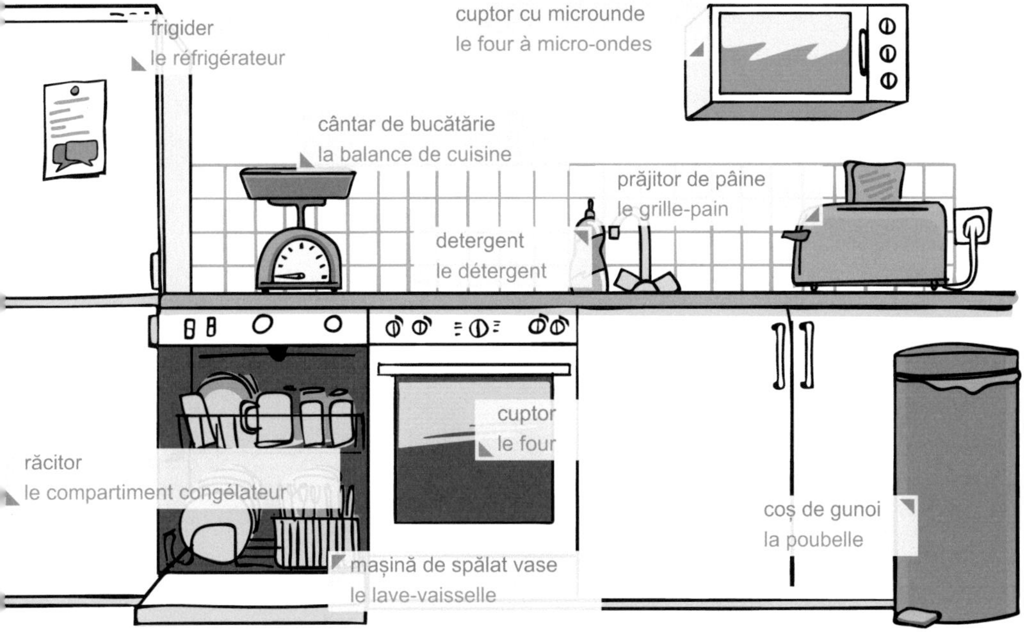
frigider
le réfrigérateur
cuptor cu microunde
le four à micro-ondes
cântar de bucătărie
la balance de cuisine
prăjitor de pâine
le grille-pain
detergent
le détergent
cuptor
le four
răcitor
le compartiment congélateur
coș de gunoi
la poubelle
mașină de spălat vase
le lave-vaisselle

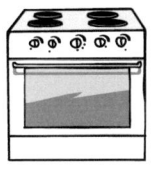

cuptor
le four

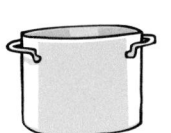

oală
la casserole

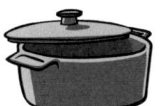

oală de metal
la marmite

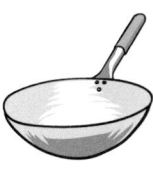

wok/kadai
le wok / kadai

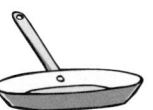

tigaie
la poêle

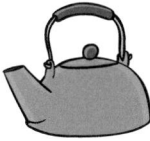

ceainic
la bouilloire electrique

oală de gătit cu aburi

le cuiseur vapeur

tavă de copt

la plaque de cuisson

veselă

la vaisselle

pahar

le gobelet

bol

la coupe

bețișoare

les baguettes

polonic

la louche

spatulă

la spatule

tel

le fouet

sită

la passoire

sită

le tamis

răzătoare

la râpe

mojar

le mortier

grătar

le barbecue

loc pentru grătar

la cheminée

tocător

la planche à découper

sucitor

le rouleau à pâtisserie

tirbușon

le tire-bouchon

conservă

la boîte

deschizător de conserve

l'ouvre-boîte

șervete termice

les maniques

chiuvetă

le lavabo

perie

la brosse

burete

l'éponge

mixer

le mixeur

ladă frigorifică

le congélateur

biberon

le biberon

robinet

le robinet

baie
la salle de bain

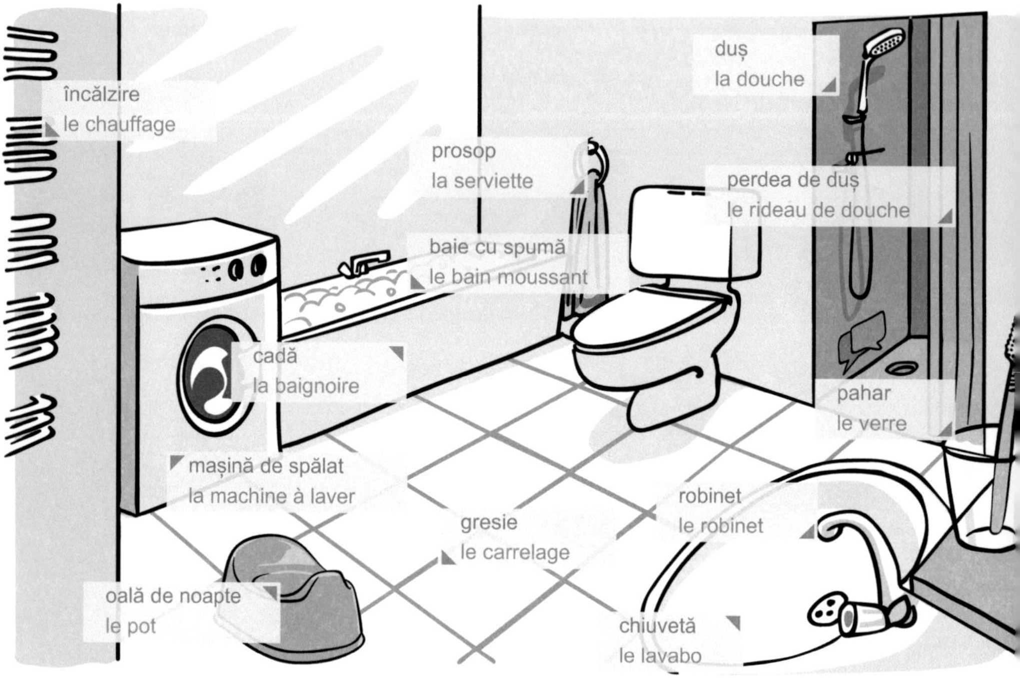
încălzire
le chauffage
duș
la douche
prosop
la serviette
perdea de duș
le rideau de douche
baie cu spumă
le bain moussant
cadă
la baignoire
pahar
le verre
mașină de spălat
la machine à laver
robinet
le robinet
gresie
le carrelage
oală de noapte
le pot
chiuvetă
le lavabo

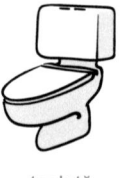

toaletă
les toilettes

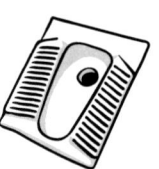

toaletă turcescă
la toilette à la turque

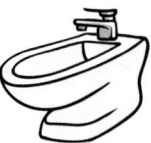

bideu
le bidet

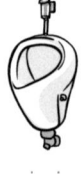

pisoir
l'urinoir

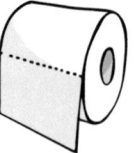

hârtie igienică
le papier toilette

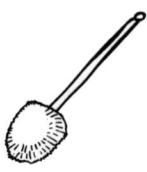

perie de toaletă
la brosse à toilette

periuță de dinți

la brosse à dents

pastă de dinți

le dentifrice

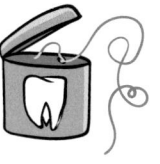

ață dentară

le fil dentaire

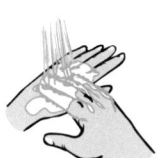

a spăla

laver

cap de duș

la douche manuelle

duș intim

la douche intime

lavoar

la vasque

perie pentru spate

la brosse dorsale

săpun

le savon

gel de duș

le gel douche

șampon

le shampooing

cârpă de spălat

le gant de toilette

scurgere

l'écoulement

cremă

la crème

deodorant

le déodorant

oglindă

le miroir

oglindă cosmetică

le miroir cosmétique

aparat de ras

le rasoir

spumă de ras

la mousse à raser

aftershave

l'après-rasage

pieptene

la peigne

perie

la brosse

uscător de păr

le sèche-cheveux

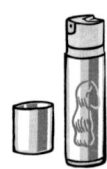

fixator

la laque pour cheveux

machiaj

le fond de teint

ruj

le rouge à lèvres

lac de unghii

le vernis à ongles

vată

l'ouate

foarfece de unghii

le coupe-ongles

parfum

le parfum

neseser

la trousse de toilette

taburet

le tabouret

cântar

le pèse-personne

halat de baie

le peignoir

mănuși de cauciuc

les gants de nettoyage

tampon

le tampon

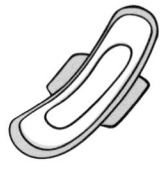

tampon

es serviettes hygiéniques

toaletă chimică

la toilette chimique

camera copiilor
la chambre d'enfant

ceas deșteptător
le réveil
jucărie de pluș
le doudou
mașină de jucărie
la voiture jouet
morișcă
le hochet
casă de păpuși
la maison de poupée
cadou
le cadeau

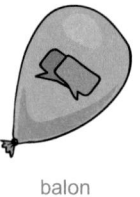

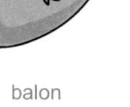

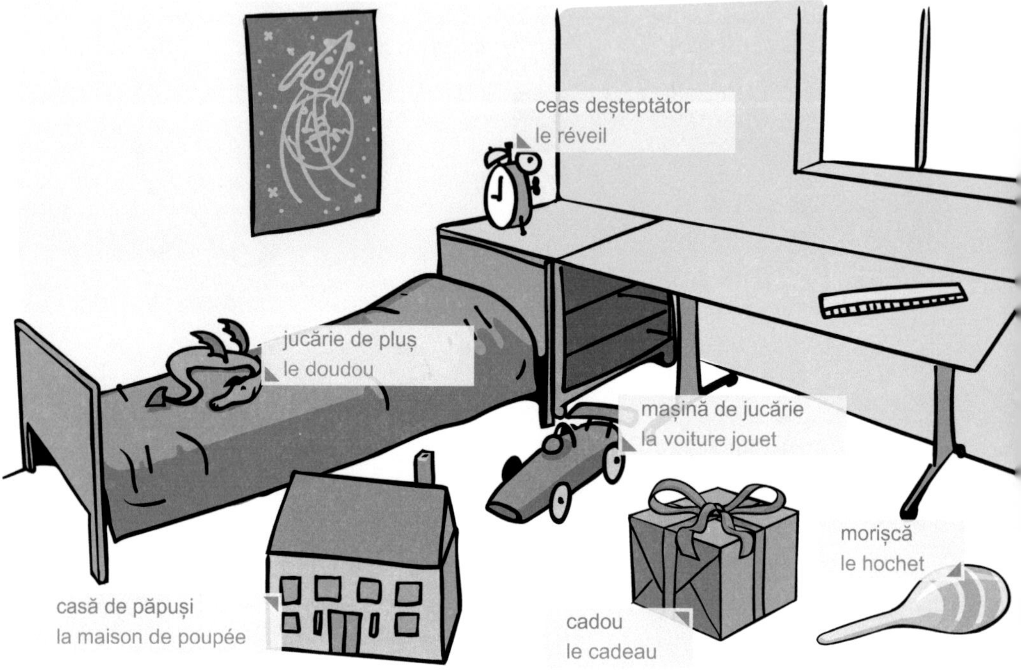

balon

le ballon

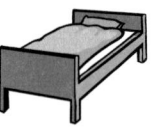

pat

le lit

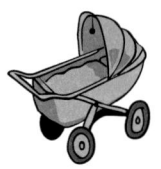

cărucior de copii

la poussette

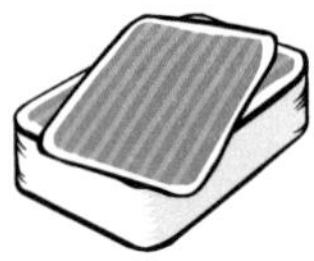

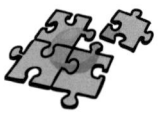

joc de cărți

le jeu de cartes

puzzle

le puzzle

SUPER
MEGA

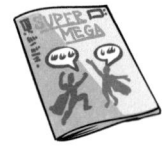

revistă de benzi desenate

la bande dessinée

cuburi lego

les pièces lego

piese pentru construcții

les blocs de construction

personaj din filmele de acțiune

la figurine

body

la grenouillère

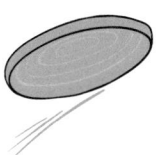

frisbee

le frisbee

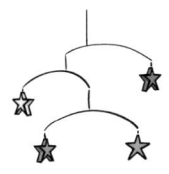

mobil

le mobile

joc de societate

le jeu de société

zar

le dé

set trenuleț de jucărie

le train miniature

suzetă

la sucette

petrecere

la fête

carte cu poze

le livre d'images

minge

la balle

păpușă

la poupée

a se juca

jouer

groapă de nisip

le bac à sable

leagăn

la balançoire

jucării

les jouets

consolă video

la console de jeu

tricicletă

le tricycle

ursuleț

l'ours en peluche

dulap

l'armoire

îmbrăcăminte
les vêtements

șosete

les chaussettes

ciorapi

les bas

dres

le collant

şal
l'écharpe

umbrelă
le parapluie

tricou
le t-shirt

curea
la ceinture

cizme
les bottes

papuci
les pantoufles

pantofi sport
les baskets

sandale

les sandales

încălţăminte

les chaussures

cizme de cauciuc

les bottes de caoutchouc

chilot

les sous-vêtements

sutien

le soutien-gorge

maiou

le maillot de corps

îmbrăcăminte - les vêtements

body

le body

pantaloni

le pantalon

blugi

le jean

fustă

la jupe

bluză

le chemisier

cămașă

la chemise

pulover

le pull

jerseu

le sweat à capuche

sacou

la veste

jachetă

la veste

palton

le manteau

pelerină de ploaie

l'imperméable

costum

le costume

rochie

la robe

rochie de mireasă

la robe de mariée

costum
le costume

cămașă de noapte
la chemise de nuit

pijama
le pyjama

sari
le sari

batic
le foulard

turban
le turban

burka
la burqa

caftan
le caftan

abaya
l'abaya

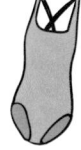

costum de baie
le maillot de bain

șort
le maillot de bain

pantaloni scurți
le short

trening
la tenue d'entraînement

șorț
le tablier

mănuși
les gants

nasture

le bouton

ochelari

les lunettes

brățară

le bracelet

lanț

le collier

inel

la bague

cercel

la boucle d'oreille

căciulă

le bonnet

umeraș

le cintre

pălărie

le chapeau

cravată

la cravate

fermoar

la fermeture éclair

cască

le casque

bretele

les bretelles

uniformă școlară

l'uniforme scolaire

uniformă

l'uniforme

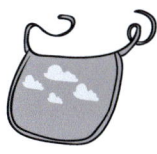

bavețică

le bavoir

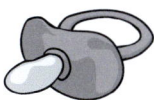

suzetă

la sucette

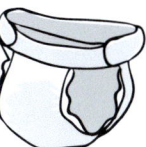

scutec

la lange

birou
le bureau

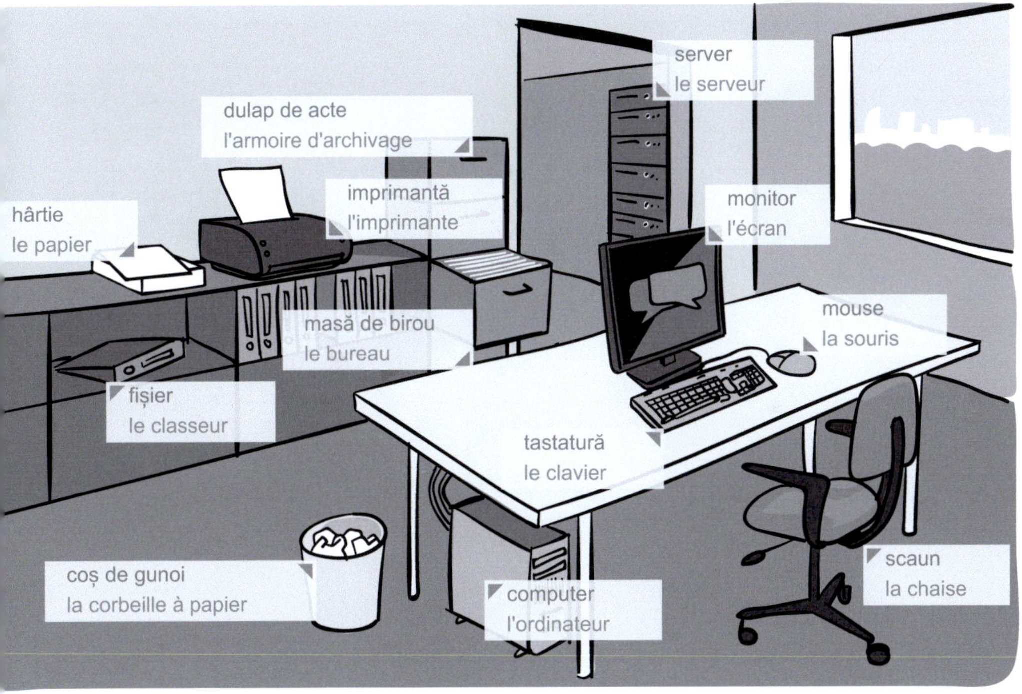
server
le serveur
dulap de acte
l'armoire d'archivage
imprimantă
l'imprimante
hârtie
le papier
monitor
l'écran
mouse
la souris
masă de birou
le bureau
fișier
le classeur
tastatură
le clavier
coș de gunoi
la corbeille à papier
computer
l'ordinateur
scaun
la chaise

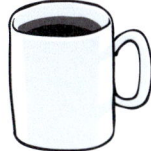

ceașcă de cafea

la tasse de café

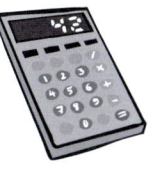

calculator

la calculatrice

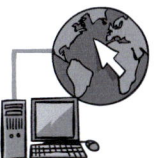

internet

l'internet

laptop

l'ordinateur portable

scrisoare

la lettre

mesaj

le message

telefon mobil

le portable

reţea

le réseau

copiator

la photocopieuse

software

le logiciel

telefon

le téléphone

priză

la prise

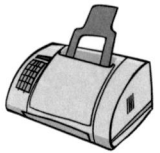

fax

le fax

formular

le formulaire

document

le document

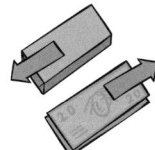

a cumpăra

acheter

a plăti

payer

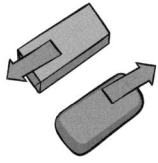

a face comerț

faire du commerce

bani

la monnaie

 USD

Dolar

le dollar

 EUR

Euro

l'euro

 JPY

Yen

le yen

 RUB

Rublă

le rouble

 CHF

Franc Elveţian

le franc suisse

 CNY

renminbi yuan

le renminbi yuan

 INR

Rupie

la roupie

bancomat

le distributeur automatique

casă de schimb valutar

le bureau de change

aur

l'or

argint

l'argent

petrol

le pétrole

energie

l'énergie

preţ

le prix

contract

le contrat

impozit

la taxe

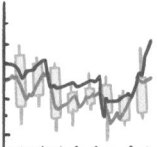

acţiune

l'action

a munci

travailler

angajat

l'employé

angajator

l'employeur

fabrică

l'usine

magazin

le magasin

economie - l'économie

polițist
l'agent de police

pompier
le pompier

bucătar
le cuisinier

medic
le médecin

pilot
le pilote

grădinar

le jardinier

tâmplar

le menuisier

cusătoreasă

la couturière

judecător

le juge

chimist

le chimiste

actor

l'acteur

șofer de autobuz

le conducteur de bus

șofer de taxi

le chauffeur de taxi

pescar

le pêcheur

femeie de serviciu

la femme de ménage

tinichigiu

le couvreur

chelnăr

le serveur

vânător

le chasseur

pictor

le peintre

brutar

le boulanger

electrician

l'électricien

muncitor în construcții

l'ouvrier

inginer

l'ingénieur

măcelar

le boucher

instalator

le plombier

poștaș

le facteur

ocupații - les professions

soldat

le soldat

arhitect

l'architecte

casier

le caissier

florar

le fleuriste

frizer

le coiffeur

controlor

le contrôleur

mecanic

le mécanicien

căpitan

le capitaine

stomatolog

le dentiste

om de știință

le scientifique

rabin

le rabbin

imam

l'imam

călugăr

le moine

preot

le prêtre

instrumente
les outils

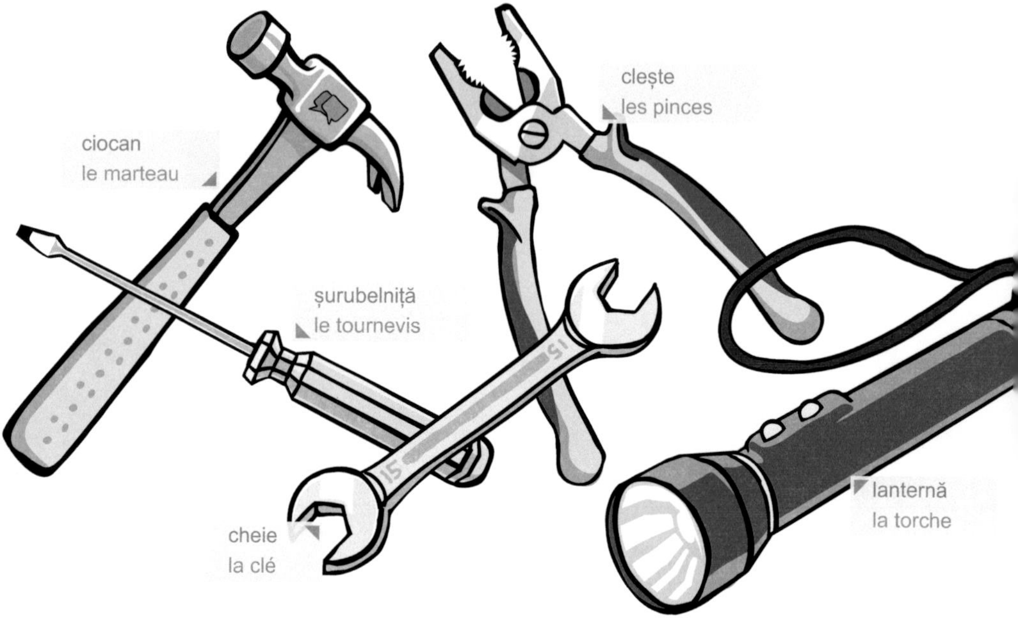
clește
les pinces
ciocan
le marteau
șurubelniță
le tournevis
cheie
la clé
lanternă
la torche

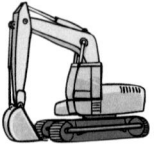

excavator

la pelleteuse

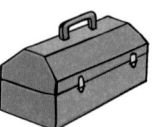

cutie de scule

la boîte à outils

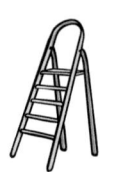

scară

l'échelle

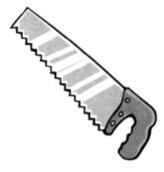

ferăstrău

la scie

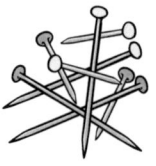

cuie

les clous

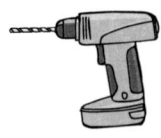

burghiu

la perceuse

a repara

réparer

lopată

la pelle

La naiba!

Mince !

făraș

la pelle

vas pentru vopsea

le pot de peinture

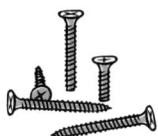

șuruburi

les vis

instrumente muzicale
les instruments de musique

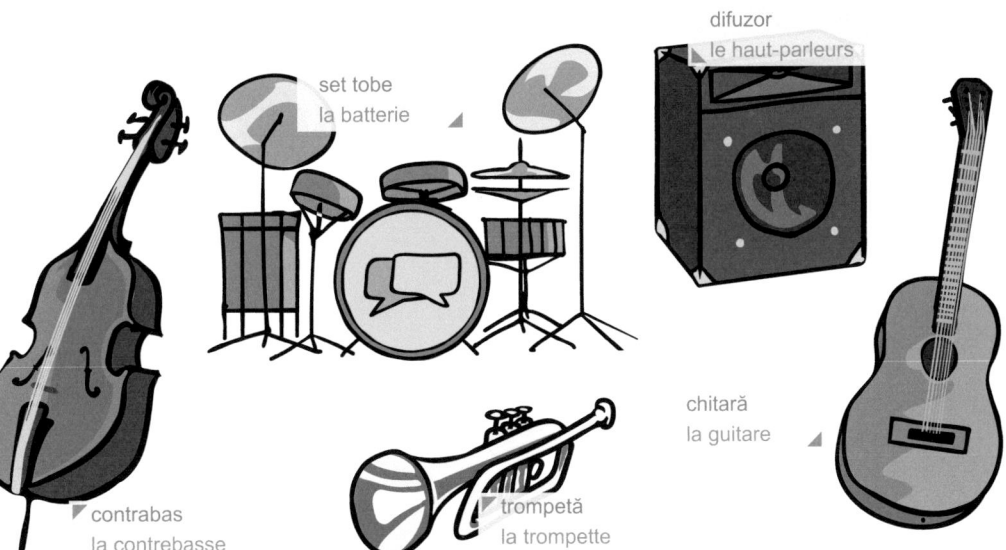

difuzor
le haut-parleurs

set tobe
la batterie

contrabas
la contrebasse

trompetă
la trompette

chitară
la guitare

pian

le piano

vioară

le violon

bas

la basse

trombon

les timbales

tobă

le tambour

keyboard

le piano électrique

saxofon

le saxophone

fluier

la flûte

microfon

le microphone

instrumente muzicale - les instruments de musique

grădină zoologică

le zoo

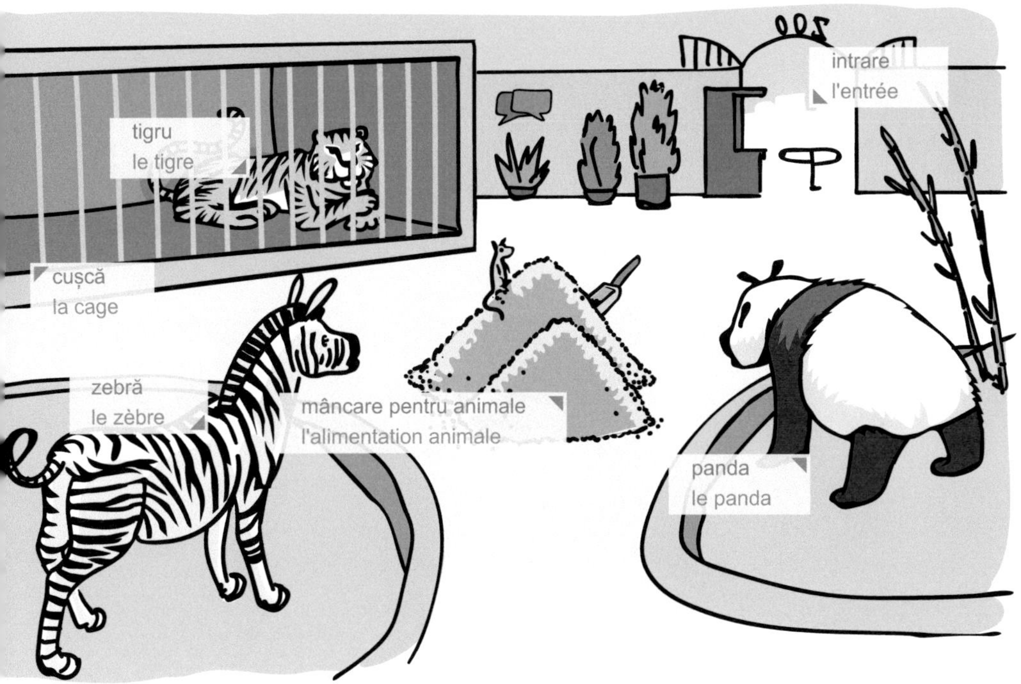
zoo
intrare
l'entrée
tigru
le tigre
cușcă
la cage
zebră
le zèbre
mâncare pentru animale
l'alimentation animale
panda
le panda

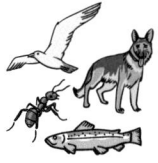

animale

les animaux

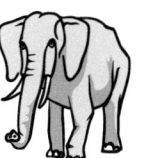

elefant

l'éléphant

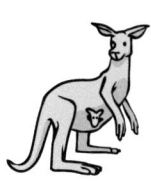

cangur

le kangourou

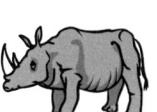

rinocer

le rhinocéros

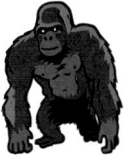

gorilă

le gorille

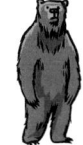

urs

l'ours

cămilă

le chameau

struț

l'autruche

leu

le lion

maimuță

le singe

flamingo

le flamand rose

papagal

le perroquet

urs polar

l'ours polaire

pinguin

le pingouin

rechin

le requin

păun

le paon

șarpe

le serpent

crocodil

le crocodile

îngrijitor grădina zoologică

le gardien de zoo

focă

le phoque

jaguar

le jaguar

ponei

le poney

leopard

le léopard

hipopotam

l'hippopotame

girafă

la girafe

acvilă

l'aigle

porc mistreț

le sanglier

pește

le poisson

broască țestoasă

la tortue

morsă

le morse

vulpe

le renard

gazelă

la gazelle

grădină zoologică - le zoo

fotbal american
l'american Football

ciclism
le cyclisme

tenis
le tennis

basketball
le basket-ball

înot
la natation

box
la boxe

hockey pe gheață
le hockey sur glace

fotbal
le football

badminton
le badminton

atletism
l'athlétisme

handbal
le handball

schi
le ski

polo
le polo

activități
les activités

a sări
sauter
a îmbrățișa
embrasser
a râde
rire
a merge
marcher
a cânta
chanter
a visa
rêver
a se ruga
prier
a săruta
faire la bise

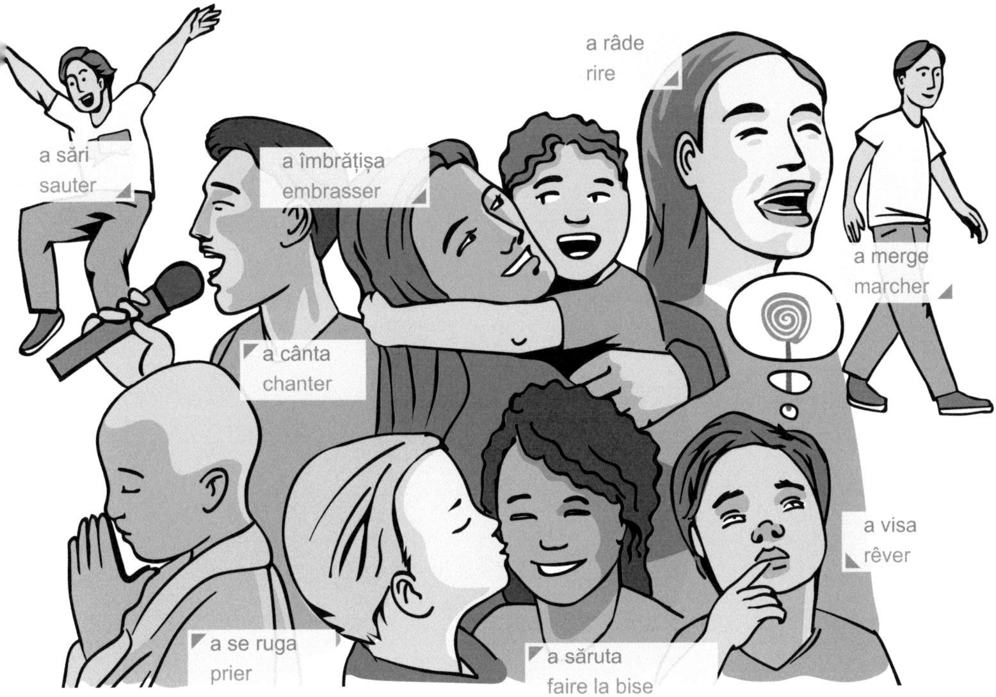

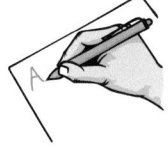

a scrie
écrire

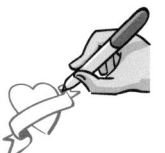

a desena
dessiner

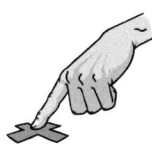

a arăta
montrer

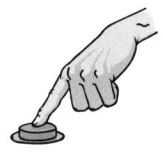

a împinge
pousser

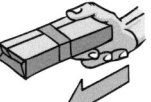

a da
donner

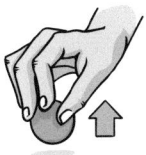

a lua
prendre

a avea

avoir

a face

faire

a fi

être

a sta în picioare

être debout

a fugi

courir

a trage

trier

a arunca

jeter

a cădea

tomber

a sta întins

être couché

a aștepta

attendre

a purta

porter

a ședea

être assis

a se îmbrăca

s'habiller

a dormi

dormir

a se trezi

se réveiller

activități - les activités

a privi

regarder

a plânge

pleurer

a mângâia

caresser

a se pieptăna

peigner

a vorbi

parler

a înțelege

comprendre

a întreba

demander

a asculta

écouter

a bea

boire

a mânca

manger

a face ordine

ranger

a iubi

aimer

a găti

cuire

a conduce

conduire

a zbura

voler

activități - les activités

a naviga

faire de la voile

a calcula

calculer

a citi

lire

a învăța

apprendre

a munci

travailler

a se căsători

se marier

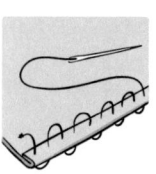

a coase

coudre

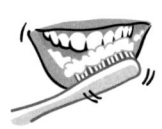

a se spăla pe dinți

brosser les dents

a ucide

tuer

a fuma

fumer

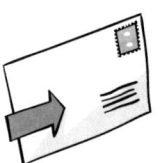

a trimite

envoyer

familie
la famille

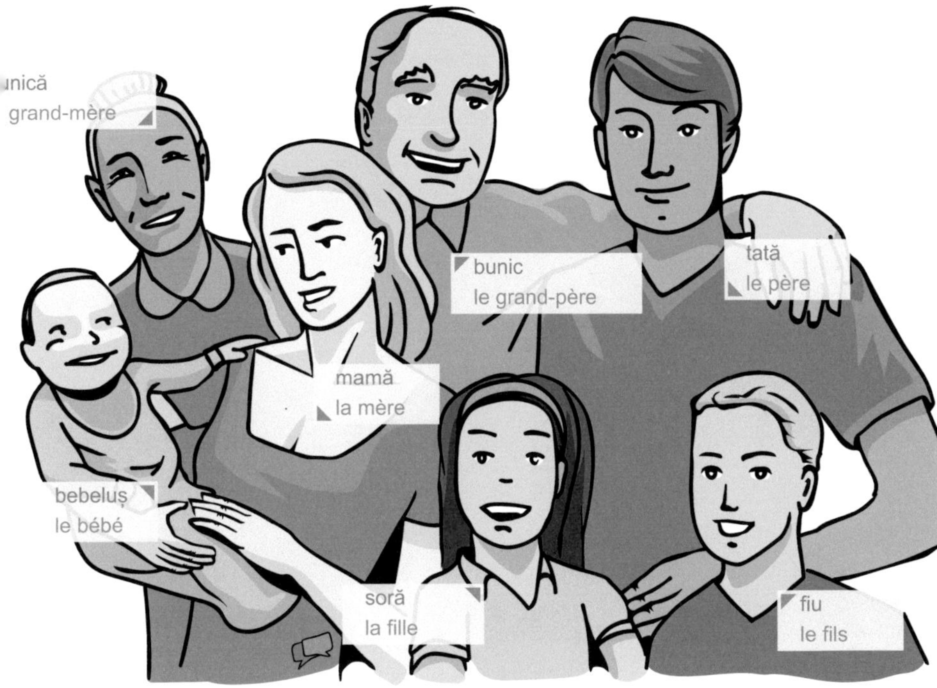
nică
grand-mère
bunic
le grand-père
tată
le père
mamă
la mère
bebeluș
le bébé
soră
la fille
fiu
le fils

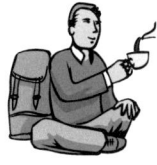

oaspete

l'hôte

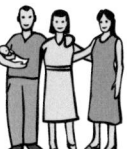

mătușă

la tante

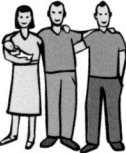

unchi

l'oncle

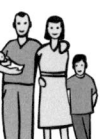

frate

le frère

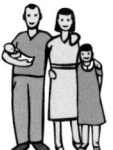

soră

la sœur

corp

le corps

frunte
le front
ochi
l'œil
umăr
l'épaule
deget
le doigt
față
le visage
bărbie
le menton
mână
la main
picior
la jambe
piept
la poitrine
braț
le bras

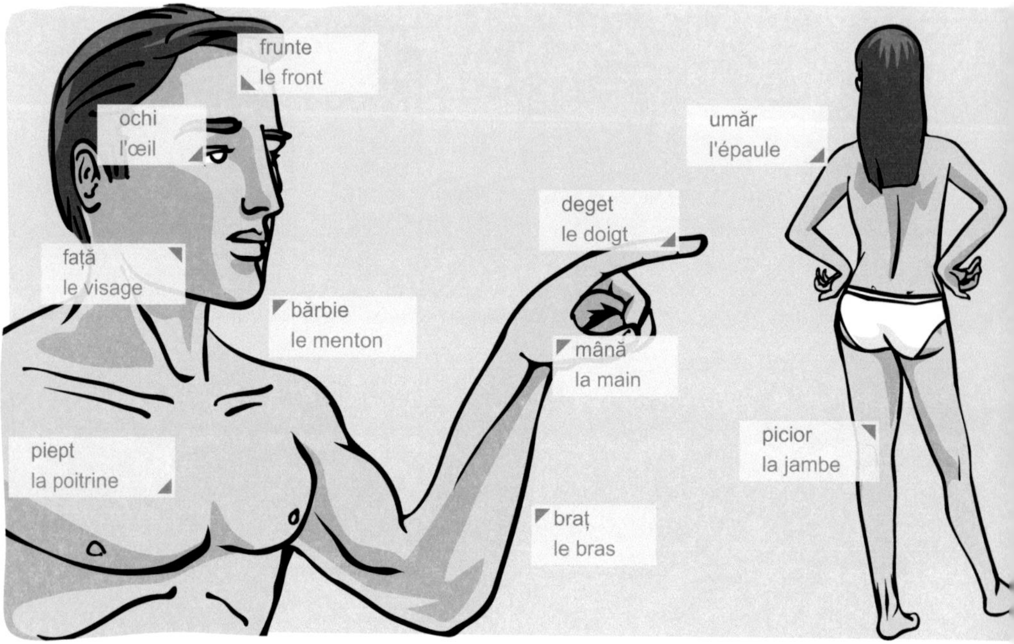

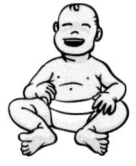

bebeluș

le bébé

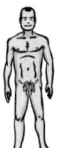

bărbat

l'homme

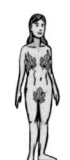

femeie

la femme

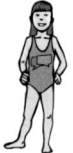

fată

la fille

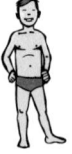

băiat

le garçon

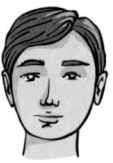

cap

la tête

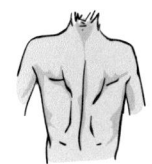

spate

le dos

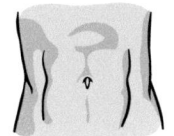

abdomen

le ventre

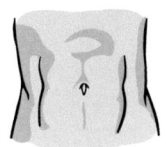

ombilic

le nombril

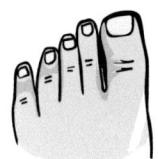

deget de la picior

l'orteil

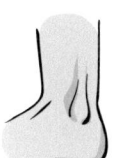

călcâi

le talon

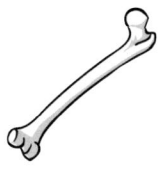

os

l'os

șold

la hanche

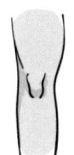

genunchi

le genou

cot

le coude

nas

le nez

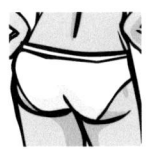

fund

les fesses

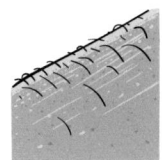

piele

la peau

obraz

la joue

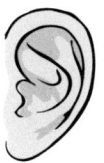

ureche

l'oreille

buză

la lèvre

gură

la bouche

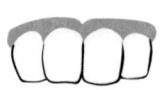

dinte

la dent

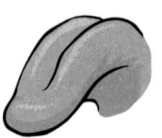

limbă

la langue

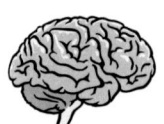

creier

le cerveau

inimă

le cœur

muşchi

le muscle

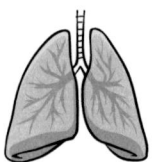

plămân

les poumons

ficat

le foie

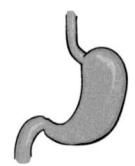

stomac

l'estomac

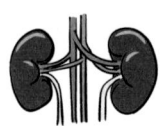

rinichi

les reins

sex

le rapport sexuel

prezervativ

le préservatif

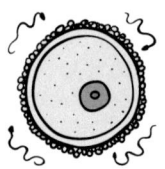

ovul

l'ovule

spermă

le sperme

sarcină

la grossesse

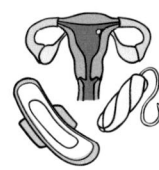

menstruație

la menstruation

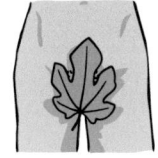

vagin

le vagin

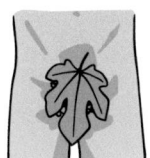

penis

le pénis

sprânceană

le sourcil

păr

les cheveux

gât

le cou

spital
l'hôpital

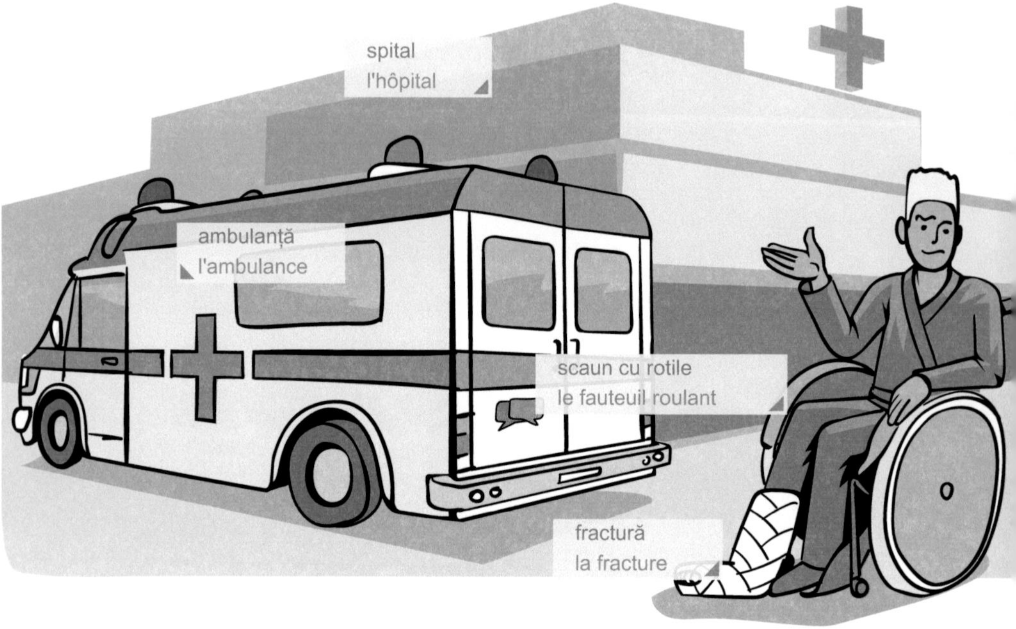

spital
l'hôpital
ambulanță
l'ambulance
scaun cu rotile
le fauteuil roulant
fractură
la fracture

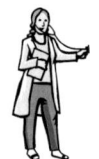

medic

le médecin

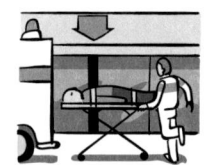

unitate de primiri urgențe

le service des urgences

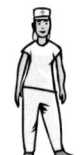

soră medicală

l'infirmière

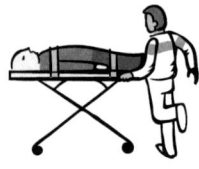

urgență

l'urgence

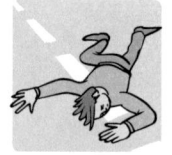

inconștient

inconscient

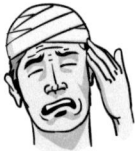

durere

la douleur

leziune

la blessure

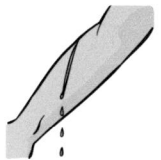

sângerare

l'hémorragie

infarct miocardic

la crise cardiaque

atac cerebral

l'attaque cérébrale

alergie

l'allergie

tuse

la toux

febră

la fièvre

gripă

la grippe

diaree

la diarrhée

durere de cap

le mal de tête

cancer

le cancer

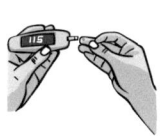

diabet

le diabète

chirurg

le chirurgien

scalpel

le scalpel

operație

l'opération

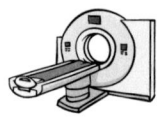

CT

le CT

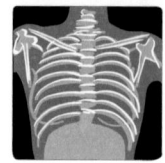

raze Röntgen

la radiographie

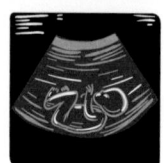

ultrasunet

l'échographie

mască

le masque

boală

la maladie

sală de așteptare

la salle d'attente

cârjă

la béquille

plasture

le pansement

bandaj

le pansement

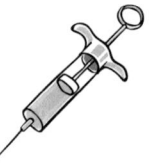

injecție

l'injection

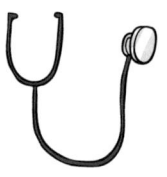

stetoscop

le stéthoscope

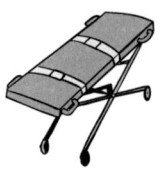

targă

le brancard

termometru

le thermomètre

naștere

l'accouchement

supraponderabilitate

la surcharge pondérale

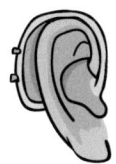

aparat auditiv

l'appareil auditif

dezinfectant

le désinfectant

infecţie

l'infection

virus

le virus

HIV/SIDA

le VIH / le sida

medicină

le médicament

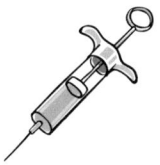

vaccin

la vaccination

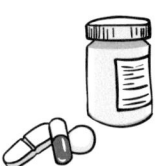

tablete

les comprimés

pastilă

la pilule

apel de urgenţă

l'appel d'urgence

aparat de măsurare a
presiunii arteriale

le tensiomètre

bolnav/sănătos

malade / sain

Ajutor!

Au secours !

alarmă

l'alarme

agresiune

l'assaut

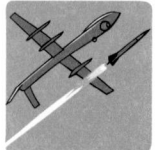

atac

l'attaque

pericol

le danger

ieșire de urgență

la sortie de secours

Foc!

Au feu!

extinctor

l'extincteur

accident

l'accident

trusă de prim-ajutor

la trousse de premier
secours

SOS

SOS

poliție

la police

Europa

l'Europe

America de Nord

l'Amérique du Nord

America de Sud

l'Amérique du Sud

Africa

l'Afrique

Asia

l'Asie

Australia

l'Australie

Altantic

l'Océan atlantique

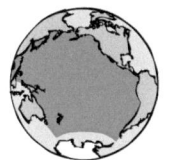

Pacific

l'Océan pacifique

Oceanul Indian

l'Océan indien

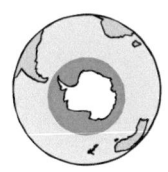

Oceanul Antarctic

l'Océan antarctique

Oceanul Arctic

l'Océan arctique

Polul Nord

le Pôle nord

Polul Sud

le Pôle sud

Antarctica

l'Antarctique

pământ

la terre

țară

le pays

mare

la mer

insulă

l'île

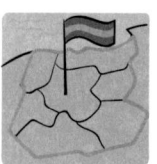

națiune

la nation

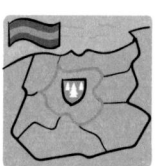

stat

l'état

cadran

le cadran

orar

l'aiguille des heures

minutar

l'aiguille des minutes

secundar

l'aiguille des secondes

Cât e ceasul?

Quelle heure est-il ?

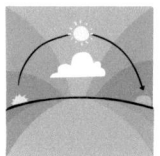

zi

le jour

timp

le temps

acum

maintenant

cead digital

la montre digitale

minut

la minute

oră

l'heure

săptămână

la semaine

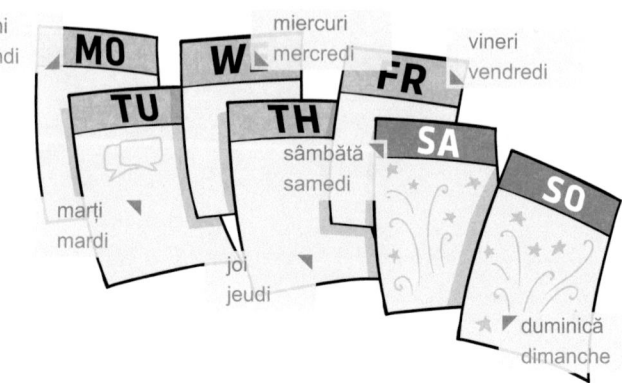

luni
lundi

miercuri
mercredi

vineri
vendredi

marți
mardi

sâmbătă
samedi

joi
jeudi

duminică
dimanche

ieri

hier

azi

aujourd'hui

mâine

demain

dimineață

le matin

amiază

le midi

seară

le soir

zile lucrătoare

les jours ouvrables

week-end

le week-end

ploaie
la pluie

curcubeu
l'arc-en-ciel

vânt
le vent

zăpadă
la neige

primăvară
le printemps

toamnă
l'automne

vară
l'été

iarnă
l'hiver

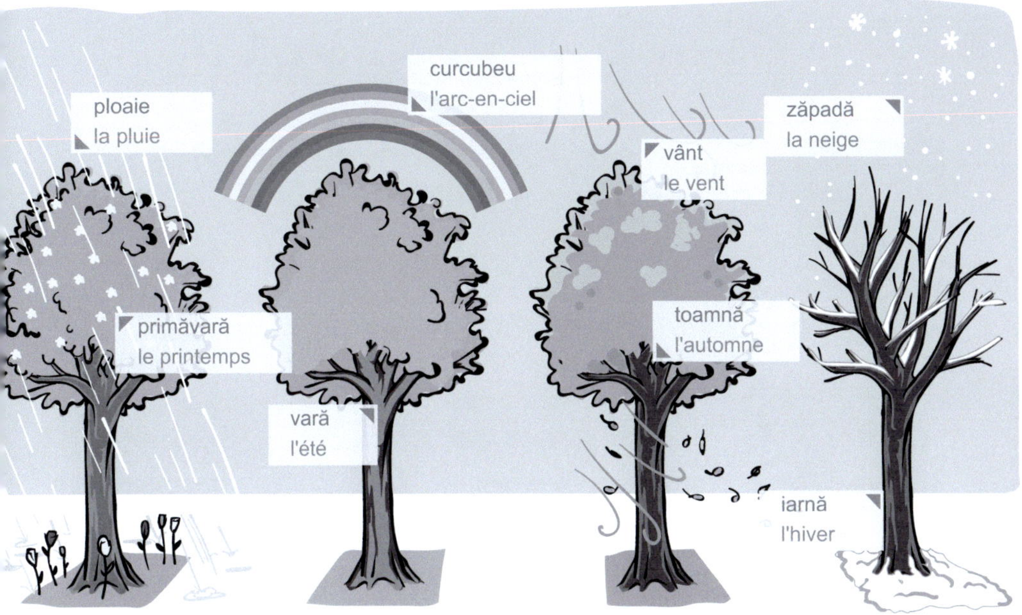

prognoză meteo

la météo

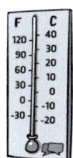

termometru

le thermomètre

lumina soarelui

la lumière du soleil

nor

le nuage

ceață

le brouillard

umiditate a aerului

l'humidité

fulger

la foudre

tunet

la tonnerre

furtună

la tempête

grindină

la grêle

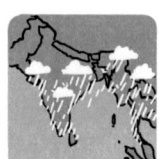

muson

la mousson

inundaţie

l'inondation

gheaţă

la glace

ianuarie

janvier

februarie

février

martie

mars

aprilie

avril

mai

mai

iunie

juin

iulie

juillet

august

août

septembrie

septembre

octombrie

octobre

noiembrie

novembre

decembrie

décembre

forme
les formes

cerc

le cercle

pătrat

le carré

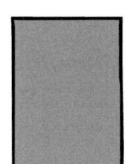

dreptunghi

le rectangle

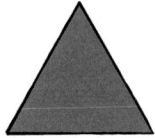

triunghi

le triangle

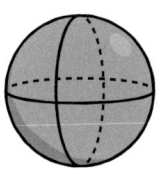

sferă

la sphère

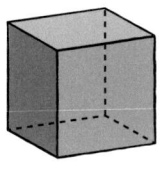

cub

le cube

alb

blanc

galben

jaune

portocaliu

orange

roz

rose

roșu

rouge

violet

violet

albastru

bleu

verde

vert

maro

marron

gri

gris

negru

noir

mult/puțin

beaucoup / peu

furios/calm

fâché / calme

frumos/urât

joli / laid

început/sfârșit

le début / la fin

mare/mic

grand / petit

luminos/întunecat

clair / obscure

frate/soră

frère / soeur

curat/murdar

propre / sale

complet/incomplet

complet / incomplet

zi/noapte

le jour / la nuit

mort/viu

mort / vivant

lat/strâmt

large / étroit

comestibil/necomestibil

comestible / incomestible

rău/prietenos

méchant / gentil

emoţionat/plictisit

excité / ennuyé

gras/slab

gros / mince

primul/ultimul

le premier / le dernier

prieten/inamic

l'ami / l'ennemi

plin/gol

plein / vide

tare/moale

dur / souple

greu/uşor

lourd / léger

foame/sete

faim / soif

bolnav/sănătos

malade / sain

ilegal/legal

illégal / légal

inteligent/stupid

intelligent / stupide

stânga/drepta

gauche / droite

aproape/departe

proche / loin

nou/uzat

nouveau / usé

nimic/ceva

rien / quelque chose

bătrân/tânăr

vieux / jeune

pornit/oprit

marche / arrêt

deschis/închis

ouvert / fermé

încet/tare

faible / fort

bogat/sărac

riche / pauvre

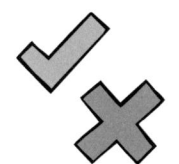

corect/fals

correct / incorrect

aspru/neted

rugueux / lisse

trist/fericit

triste / heureux

lung/scurt

court / long

încet/repede

lent / rapide

ud/uscat

mouillé / sec

cald/rece

chaud / froid

război/pace

la guerre / la paix

0
zero
zéro

1
unu
un / une

2
doi
deux

3
trei
trois

4
patru
quatre

5
cinci
cinq

6
șase
six

7
șapte
sept

8
opt
huit

9
nouă
neuf

10
zece
dix

11
unsprezece
onze

12

douăsprezece

douze

13

treisprezece

treize

14

paisprezece

quatorze

15

cincisprezece

quinze

16

șaisprezece

seize

17

șaptesprezece

dix-sept

18

optsprezece

dix-huit

19

nouăsprezece

dix-neuf

20

douăzeci

vingt

100

o sută

cent

1.000

o mie

mille

1.000.000

un milion

le million

les langues

engleză
....
l'anglais

engleză americană
....
l'anglais américain

chineza mandarină
....
le chinois mandarin

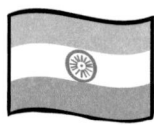

hindi
....
le hindi

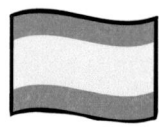

spaniolă
....
l'espagnol

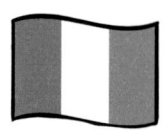

franceză
....
le français

arabă
....
l'arabe

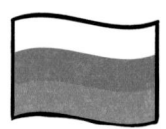

rusă
....
le russe

protugheză
....
le portugais

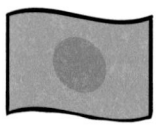

bengaleză
....
le bengali

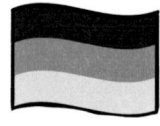

germană
....
l'allemand

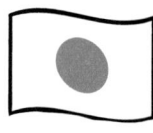

japoneză
....
le japonais

eu
je

tu
tu

el/ea
il / elle / ce, c', cela

noi
nous

voi
vous

ea
ils / elles

cine?
Qui ?

ce?
Quoi ?

cum?
Comment ?

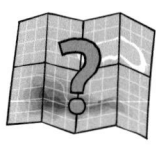

unde?
Où ?

când?
Quand ?

nume
le nom

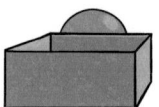

în spate

derrière

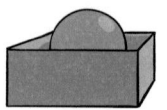

în

dans

înainte

devant

peste

au-dessus

pe

sur

sub

en-dessous

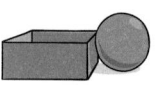

lângă

à côté de

între

entre

loc

le lieu